Renate Sültz & Uwe H. Sültz & KOLI Tinnum Sylt

AF176562

Meine Modellschiffe –

Schiff-Modelle bauen und sammeln
Sammelbuch/Notizbuch

Mein Name:

Sammelbuch-Nr.:

Start-Datum:

End-Datum:

BoD - Books on Demand

Norderstedt 2018

Bibliografische Information durch die Deutsche Nationalbibliothek

Die Deutsche Nationalbibliothek verzeichnet diese Publikation in der Deutschen Nationalbibliografie; detaillierte bibliografische Daten sind im Internet über http://dnb.dnb.de abrufbar.

Herstellung und Verlag:

BoD – Books on Demand, Norderstedt

ISBN 9-78375-2-84280-7

Sammeln ist Leidenschaft!

Besonders stolz sind wir, wenn ein Modell selbst gebaut wurde.

Manchmal dauert es Jahre, bis ein Schiff fertig gestellt ist.

Um auf Treffen seine Modelle zu zeigen oder auch zu dokumentieren,

was so alles bereits erstellt wurde, hat mit diesem Sammelbuch die Möglichkeit,

hier alles einzutragen und zu dokumentieren.

Es lassen sich Fotos einkleben, auch werden alle relevanten Daten eingetragen.

VIEL FREUDE BEI DEINEM HOBBY!

Übersicht:

Modell 1: _____

Modell 2: _____

Modell 3: _____

Modell 4: _____

Modell 5: _____

Modell 6: _____

Modell 7: _____

Modell 8: _____

Modell 9: _____

Modell 10: _____

Modell 11: _____

Modell 12: _____

Modell 13: _____

Modell 14: _____

Modell 15: _____

Fotos

Schiff X Boot _ U-Boot _ eig. Eintrag _____
Typ _Wasa oder Vasa_ Maßstab _1/75_
Selbstbau _ Kaufmodell _ Modellbausatz X
Größe _Länge 90 cm, Höhe 70 cm, Breite 22 cm_

Anzahl der Teile _____
Materialien _versch. Hölzer, Stoff, Gussmetal_
zusätzl. Materialen _____

Kosten _____
Geschichte _Die Wasa, wurde in den Jahren 1626_
bis 1628 von dem holländischen
Schiffsbaumeister Henrik Hybertsson
für den schwedischen König Gustav
Adolf II gebaut. Sie sollte die
Vorherrschaft in der Ostsee sichern.
Die Wasa ist eines der bekanntesten
...ischen Schiffe, nicht zuletzt
du... ...ragischen Untergang
währen... ...ungfernfahrt.

Fotos

Schiff _ Boot _ U-Boot _ eig. Eintrag _____

Typ _____ Maßstab _____

Selbstbau _ Kaufmodell _ Modellbausatz _

Größe _____

_____

Anzahl der Teile _____

Materialien _____

zusätzl. Materialen _____

_____

Kosten _____

Geschichte _____

_____

_____

_____

_____

_____

_____

_____

_____

_____

_____

_____

_____

Fotos

Schiff _ Boot _ U-Boot _ eig. Eintrag _____

Typ _____ Maßstab _____

Selbstbau _ Kaufmodell _ Modellbausatz _

Größe _____

_____

Anzahl der Teile _____

Materialien _____

zusätzl. Materialen _____

_____

Kosten _____

Geschichte _____

_____

_____

_____

_____

_____

_____

_____

_____

_____

_____

_____

_____

_____

Fotos

Schiff _ Boot _ U-Boot _ eig. Eintrag _____

Typ _____ Maßstab _____

Selbstbau _ Kaufmodell _ Modellbausatz _

Größe _____

_____

Anzahl der Teile _____

Materialien _____

zusätzl. Materalen _____

_____

Kosten _____

Geschichte _____

_____

_____

_____

_____

_____

_____

_____

_____

_____

_____

_____

Fotos

Schiff _ Boot _ U-Boot _ eig. Eintrag _____

Typ _____ Maßstab _____

Selbstbau _ Kaufmodell _ Modellbausatz _

Größe _____

_____

Anzahl der Teile _____

Materialien _____

zusätzl. Materalen _____

_____

Kosten _____

Geschichte _____

_____

_____

_____

_____

_____

_____

_____

_____

_____

_____

_____

_____

Fotos

Schiff _ Boot _ U-Boot _ eig. Eintrag _____

Typ _____ Maßstab _____

Selbstbau _ Kaufmodell _ Modellbausatz _

Größe _____

_____

Anzahl der Teile _____

Materialien _____

zusätzl. Materialen _____

_____

Kosten _____

Geschichte _____

_____

_____

_____

_____

_____

_____

_____

_____

_____

_____

_____

Fotos

Schiff _ Boot _ U-Boot _ eig. Eintrag _____

Typ _____ Maßstab _____

Selbstbau _ Kaufmodell _ Modellbausatz _

Größe _____

_____

Anzahl der Teile _____

Materialien _____

zusätzl. Materialen _____

_____

Kosten _____

Geschichte _____

_____

_____

_____

_____

_____

_____

_____

_____

_____

_____

_____

_____

Fotos

Schiff _ Boot _ U-Boot _ eig. Eintrag _____

Typ _____ Maßstab _____

Selbstbau _ Kaufmodell _ Modellbausatz _

Größe _____

_____

Anzahl der Teile _____

Materialien _____

zusätzl. Materalen _____

_____

Kosten _____

Geschichte _____

_____

_____

_____

_____

_____

_____

_____

_____

_____

_____

_____

_____

_____

Fotos

Schiff _ Boot _ U-Boot _ eig. Eintrag _____

Typ _____ Maßstab _____

Selbstbau _ Kaufmodell _ Modellbausatz _

Größe _____

_____

Anzahl der Teile _____

Materialien _____

zusätzl. Materialen _____

_____

Kosten _____

Geschichte _____

_____

_____

_____

_____

_____

_____

_____

_____

_____

_____

_____

_____

_____

_____

Fotos

Schiff _ Boot _ U-Boot _ eig. Eintrag _____

Typ _____ Maßstab _____

Selbstbau _ Kaufmodell _ Modellbausatz _

Größe _____

_____

Anzahl der Teile _____

Materialien _____

zusätzl. Materialen _____

_____

Kosten _____

Geschichte _____

_____

_____

_____

_____

_____

_____

_____

_____

_____

_____

_____

_____

Fotos

Schiff _ Boot _ U-Boot _ eig. Eintrag _____

Typ _____ Maßstab _____

Selbstbau _ Kaufmodell _ Modellbausatz _

Größe _____

_____

Anzahl der Teile _____

Materialien _____

zusätzl. Materialen _____

_____

Kosten _____

Geschichte _____

_____

_____

_____

_____

_____

_____

_____

_____

_____

_____

_____

_____

_____

_____

Fotos

Schiff _ Boot _ U-Boot _ eig. Eintrag _____

Typ _____ Maßstab _____

Selbstbau _ Kaufmodell _ Modellbausatz _

Größe _____

_____

Anzahl der Teile _____

Materialien _____

zusätzl. Materialen _____

_____

Kosten _____

Geschichte _____

_____

_____

_____

_____

_____

_____

_____

_____

_____

_____

_____

_____

_____

Fotos

Schiff _ Boot _ U-Boot _ eig. Eintrag _____

Typ _____ Maßstab _____

Selbstbau _ Kaufmodell _ Modellbausatz _

Größe _____

_____

Anzahl der Teile _____

Materialien _____

zusätzl. Materialen _____

_____

Kosten _____

Geschichte _____

_____

_____

_____

_____

_____

_____

_____

_____

_____

_____

_____

Fotos

Schiff _ Boot _ U-Boot _ eig. Eintrag _____

Typ _____ Maßstab _____

Selbstbau _ Kaufmodell _ Modellbausatz _

Größe _____

_____

Anzahl der Teile _____

Materialien _____

zusätzl. Materalen _____

_____

Kosten _____

Geschichte _____

_____

_____

_____

_____

_____

_____

_____

_____

_____

_____

_____

_____

Fotos

Schiff _ Boot _ U-Boot _ eig. Eintrag _____

Typ _____ Maßstab _____

Selbstbau _ Kaufmodell _ Modellbausatz _

Größe _____

_____

Anzahl der Teile _____

Materialien _____

zusätzl. Materalen _____

_____

Kosten _____

Geschichte _____

_____

_____

_____

_____

_____

_____

_____

_____

_____

_____

_____

_____

_____

Fotos

Schiff _ Boot _ U-Boot _ eig. Eintrag _____

Typ _____ Maßstab _____

Selbstbau _ Kaufmodell _ Modellbausatz _

Größe _____

_____

Anzahl der Teile _____

Materialien _____

zusätzl. Materialen _____

_____

Kosten _____

Geschichte _____

_____

_____

_____

_____

_____

_____

_____

_____

_____

_____

_____

_____

_____